I0232095

LES HARANGUES

PRONONCÉES PAR

Le Président de Bauquemare, aux États de la province de Normandie,

De 1566 à 1583 (1)

On conserve à la bibliothèque de Rouen (*F. de Martainville*, Y 4) un manuscrit du XVIIe siècle, qui contient la copie de dix-huit discours prononcés aux États de Normandie, de 1566 à 1583, par Jacques de Bauquemare, sieur de Bourdeny, premier président du Parlement.

A cette époque encore, il était de règle que, chaque année, généralement à Rouen, les États de notre province fussent convoqués pour voter les impositions

---

(1) Ce manuscrit provient de la Bibliothèque Bigot. Sur un des plats de la reliure, à l'intérieur, on voit une vignette qui représente les armoiries de Jean Bigot.

demandées par le Roi. Les trois ordres y étaient représentés par des députés dont le nombre était d'une cinquantaine environ, un noble et un ecclésiastique par bailliage, un député du tiers-état par vicomté, deux conseillers de l'Hôtel-de-Ville de Rouen et un conseiller de l'Hôtel-de-Ville de Caen.

La session était fixée à la mi-novembre, et ce fut presque toujours sans succès que les députés insistèrent pour qu'elle fût avancée d'un mois. Le département des tailles se faisait pour toute la France à la fin de décembre, et il leur semblait avec raison qu'une réunion aussi tardive leur laissait peu d'espoir de faire agréer leurs remontrances en temps utile, dans l'intérêt des contribuables. Mais on comprend aisément que c'était un motif pour le Roi, dans l'intérêt du trésor, de ne point céder sur un point, secondaire à première vue, mais qui, dans la pratique, n'était pas sans importance.

L'assemblée se tenait ordinairement à l'archevêché, dans une salle qui garde encore de nos jours le nom de *Salle des États*, soit par déférence envers l'autorité ecclésiastique, ou par bienveillance de l'archevêque envers la représentation provinciale, soit plus vraisemblablement parce qu'il eût été difficile de trouver, à l'intérieur de Rouen, un local plus vaste et plus commode. Cette assemblée était présidée par le gouverneur ou, en son absence, par l'un des lieutenants-généraux de Normandie. A côté de ce personnage siégeaient un nombre assez variable de commissaires du Roi pris dans le Conseil d'État, dans les cours souveraines de la province, le Parlement, la Cour des Aides, la Chambre des Comptes, dans les deux Bureaux des Finances de Rouen et de Caen.

Le lieutenant-général faisait connaître aux députés les besoins de l'État et l'objet de l'assemblée. Comme, habituellement, il ne se piquait pas d'éloquence, il cédait bientôt la parole au premier président du Parlement qui, dans un discours étudié, ne manquait pas d'appuyer la demande du Roi et d'exhorter les États à la fidélité et à la générosité envers le prince. Il exposait, à l'occasion, avec plus ou moins de développement, les raisons politiques qui obligeaient Sa Majesté à recourir à ses sujets, et il les mettait en garde contre l'esprit d'indépendance et de révolte. On donnait ensuite lecture des lettres-patentes du Roi où se trouvait spécifiée, par le menu, la part afférente à la Normandie dans les impositions du royaume.

Les députés votaient sur la demande, dans des assemblées générales où ils étaient réunis non point par *ordres* mais par bailliages. Rarement ils s'abstenaient de réclamer quelque remise, en faisant de leur misère des tableaux si sombres qu'à peine sont-ils vraisemblables. Constamment ils rédigeaient, d'après les instructions qu'ils avaient reçues de leurs électeurs, un cahier général de plaintes et de doléances, divisé par articles. Souvent, pour se mettre à l'abri de sollicitations pressantes, on les vit alléguer que les procurations qui leur avaient été données faisaient leur loi et qu'ils ne pouvaient en outrepasser les termes.

Ce cahier était soumis aux commissaires. Ceux-ci tranchaient les questions qui n'excédaient pas leurs pouvoirs, et ils se contentaient de mettre leur avis ou la simple mention : *Renvoyé au Roi*, à la suite des demandes auxquelles il leur paraissait que le souverain seul pouvait répondre.

Ainsi approuvé ou visé, le cahier était porté au Roi par une députation composée des délégués les plus marquants, pris en général dans les trois ordres.

Quand le Roi avait fait insérer ses réponses dans le cahier, ce document était livré à l'impression. On en tirait une centaine d'exemplaires qui étaient vraisemblablement distribués entre les députés, les commissaires et les principaux tribunaux de la province.

Les délégués votaient des gratifications aux commissaires, dont ils trouvaient toujours, assez naturellement, le nombre abusif. Pour eux, ils touchaient des indemnités qui leur étaient taxées pour frais de voyage et de séjour. La différence que l'on tenait à établir entre les représentants des deux ordres privilégiés et ceux du tiers-état se retrouvait dans ces taxes. Le tiers-état était moins payé que le clergé et que la noblesse. Les commissaires s'appliquaient à faire en sorte que les États ne durassent que très peu de jours, afin qu'on n'eût pas le temps d'y former des brigues. C'était, sans aucun doute, une raison de la même nature qui avait fait admettre en principe, du moins vers la fin du XVIe siècle, que les mêmes personnes ne pouvaient, deux fois de suite, être députées aux États.

Ce système aurait assurément offert peu de résistance au despotisme, si dans le long intervalle qui s'écoulait d'une session à une autre, les États n'eussent été représentés auprès des cours souveraines, afin d'avoir l'œil à l'enregistrement des édits, par une sorte de commission permanente, composée d'un greffier, d'un trésorier, et principalement d'un procureur-syndic pris, ordinairement, parmi les meilleurs avocats du Parlement et nommé en Assemblée générale. On peut citer, dans le nombre des procureurs-syndics, Nicolas Gosselin, sieur de la Vacherie, qui devint maître à la Chambre des Comptes ; François de Brétignières, qui passa immédiatement de cette charge à celle de procureur général au Parlement, et Pierre Corneille, l'auteur du *Cid* Mais la nomination de ce dernier honora moins nos États qu'elle ne marqua leur décadence, puisque, par une exception jusque-là sans exemple, Corneille fut nommé par le Roi au lieu de l'être par la province Pendant très longtemps le procureur des États ne fut autre que celui de l'hôtel commun de Rouen, ce qui, pour le dire en passant, indique le rôle prépondérant du conseil de cette ville dans les assemblées provinciales. Du temps de Henri III, l'autorité que s'attribuaient les conseillers de Rouen dans l'élection des députés fut contestée par les électeurs étrangers à la ville, et même par la noblesse et par le clergé du bailliage. Elle fut alors réduite assez notablement. Le lieutenant-général du bailli, M. de Brèvedent, prit, dans cette circonstance, ouvertement parti contre nos échevins, et il faut convenir que les apparences de la justice n'étaient pas de leur côté, bien que ceux-ci invoquassent des précédents qui n'étaient pas sans quelque valeur.

Ces notions préliminaires étaient nécessaires pour faire comprendre le caractère des discours du président de Bauquemare. Ajoutons qu'ils furent prononcés à une des époques les plus néfastes de notre histoire, époque marquée par le massacre de la Saint-Barthélémy, par les États de Blois, par l'établissement de la Sainte-Union, trois événements qui montrent l'esprit de parti dans toute sa fureur, l'introduction d'idées nouvelles en politique, l'affaiblissement de l'autorité royale.

Quant à Jacques de Bauquemare, nos renseignements sur ce personnage se réduisent à quelques lignes. Il appartenait à une famille du pays de Caux alliée vraisemblablement à la famille de l'armateur Ango, comme donnent lieu de le supposer quelques actes de l'état civil que nous avons eu sous les yeux (1). Il fut nommé conseiller au Parlement de Normandie, en 1545, peu de temps après conseiller au grand Conseil, et, en 1565, premier président en remplacement de S. Anthot, charge qu'il remplit avec distinction pendant dix-neuf ans environ. Catholique déclaré, il applaudit à l'édit du Roi qui proscrivait l'exercice du protestantisme, et il excita les députés normands « à combattre pour leurs autels et leurs foyers, pour maintenir et défendre la religion, l'autorité du Roi, et le repos de leurs maisons et de leurs familles. » Il annonçait, « comme un grand bien de longtemps requis et désiré, l'union de tous les Français sous une même foi, une même loi, un même Roi. » Mais il est à remarquer qu'il ne fit aucune allusion à la Saint-Barthelémy dans la harangue qu'il prononça aux États de Normandie du mois de novembre 1572, postérieurs de quelques mois seulement à cet événement déplo-

---

(1) Actes de l'état civil de la paroisse de Saint-Lô, 8 septembre 1550, dern. août 1553 : 1° Jean Ango, vicomte de Dieppe, parrain de Jean de Bauquemare; — 2° demoiselle Anne Guillebert, veuve de feu N. H. Jean Ango, vicomte de Dieppe, marraine de Jacques de Bauquemare, fils de Jacques de Bauquemare, sieur de Bourdeny ; parrains, Pierre de Croixmare, doyen d'Andely et Nicolas de Bauquemare, sieur de Franqueville.

rable. Son meilleur titre à la reconnaissance publique et au souvenir de la postérité, fut la part importante qu'il prit à la réformation de la coutume de Normandie, œuvre difficile, dont il avait été chargé en 1576, par le roi Henri III et sur la demande des députés de la province. De concert avec quelques membres du Parlement, il rédigea la nouvelle coutume par chapitres et par articles, et en fit donner lecture à l'assemblée provinciale du 13 octobre 1583, spécialement convoquée pour cet objet. Toutefois, sur la demande de l'évêque de Séez, il fut décidé que des copies en seraient dressées par les soins du procureur-syndic, et transmises par les bailliages et par les vicomtés, afin de recueillir l'avis de toutes les personnes compétentes. L'œuvre fut achevée peu de temps après, mais Bauquemare n'était plus. La Normandie eut enfin « une loy certaine, inviolable, consentie et votée par les États ». Jusque-là elle n'avait eu qu'une coutume sans authenticité. Les uns l'observaient, sans regarder à sa forme ; les autres, n'y pouvant reconnaître un texte vraiment législatif, prétendaient qu'il ne fallait pas s'en préoccuper et jugeaient à leur choix « d'après la disposition commune ou de droit romain ou des autres coutumes » (1).

Par là notre province ne fut point absolument étrangère à cette sorte de gloire que peut revendiquer la France de Charles IX et de Henri III. Le règne de ces princes fut, suivant la remarque du président Hénault, le beau siècle de la jurisprudence. Il fait observer que jamais tant de grands hommes n'avaient paru succes-

(1) Harangue de Bauquemare aux États de 1581.

sivement : Alciat, Tiraqueau, du Tillet, Cujas, Ramus, le chancelier de l'Hôpital, les de Thou, Harlay, les Pithou, Guy Coquille, Duranti, d'Espesses, Brisson, Dupuy, Loysel, Fabrot, Molé, Le Fèvre, Gillet, La Guesle, Hotmann, Lemaître. Il est singulier que dans cette énumération on ne remarque pas un seul nom normand, et que les commentateurs de notre coutume aient eu en général moins de réputation que ceux des coutumes de Paris, de Bourgogne, de Bourges, etc.

Bauquemare mourut le 28 juin 1584, et fut enterré dans l'église de Saint-Lô, de Rouen (1), où se voyaient encore, avant la Révolution, les tombes de plusieurs membres de sa famille. Il laissait de son mariage avec Marie de Croixmare plusieurs fils, dont l'aîné, Jean, sieur de la Rivière, conseiller du Roi en son grand Conseil, succéda à son père dans la possession des seigneuries de Bourdeny et Varangeville-sur-mer; l'autre, nommé Jacques, qui avait eu pour marraine la veuve d'Ango (dernier août 1553), devint gentilhomme ordinaire de la chambre du Roi et capitaine du château du Vieux Palais de Rouen. Un troisième, Claude, avait été reçu

---

(1) « Dans la chapelle du côté gauche, sur une table de marbre en lettres d'or : Cy gist messire Jacques de Bauquemare, en son vivant chevalier et premier président en la cour de parlement de Rouën, seigneur de Bourdeny, de Varangeville-sur-Mer, du Mesnil et de la Rivière, qui mourut le 28 juin 1584. Et auprès de luy sa femme, noble dame de Croixmare, laquelle décéda le 1er août 1608. Ils sont représentés en bosse aussi grands que le naturel en marbre, et sous ladite chapelle est une cave où ils reposent. — Jacques de Bauquemare, sieur de Bourdeny, d'azur au chevron d'or, accompagné de trois moufles de lion du mesme. » Farin, *Histoire de Rouen*.

chanoine de Rouen le 9 mai 1572, et obtint le prieuré de Sausseuse.

Ce fut au premier président de Bauquemare que Le Mesgissier dédia son *Histoire de Normandie*, et Jacques Du Puys l'édition des *Commentaires du droit civil tant public que privé observé au pays et duché de Normandie*, de Guillaume Terrien, 1574.

Comme œuvres oratoires, les discours de Bauquemare sont loin de pouvoir être proposés pour modèles. Ils péchent par l'incorrection du langage et plus encore par cet étalage d'érudition classique, par cette profusion de citations inutiles qu'on remarque dans la plupart des productions de cette époque. Aussi ne les envisagerons-nous que comme de simples documents historiques, et à cet égard ils ne sont pas dépourvus de valeur. Ils ont l'avantage, en effet, de nous faire connaître le mécanisme, le rôle et l'importance de nos anciens États provinciaux sur lesquels on n'a publié jusqu'à présent que des travaux assez incomplets. Ils nous renseignent sur la quotité des subsides qui furent levés en Normandie ; ils reflètent enfin d'une manière assez vive, au moins dans quelques parties, le mouvement des esprits, l'état de l'opinion publique pendant les règnes de Charles IX et de Henri III.

Bauquemare, dans ses discours, n'accorde qu'une place fort restreinte au récit des faits. En 1566, il se contente de dire quelques mots de la défense de Poitiers, « en la prise de laquelle les ennemis avoient colloqué toute leur espérance jusques à se promettre qu'ils ne partiroient jamais de devant qu'ils ne l'eussent prise ou obtenu la paix du Roi ou donné une bataille ou qu'ils n'y mourussent, et que plus tost ils mangeroient l'herbe et les chardons autour de la ville ». Il évalue, sans grande vraisemblance, la perte des Huguenots, dans la journée de Montcontour, à 12 ou 13,000 hommes, celle de l'armée du duc d'Anjou à 2 ou 300 seulement. Il rend hommage à l'énergie et à l'habileté de Carrouges qui, avec de faibles forces, avait su tenir tête à la révolte en Normandie et maintenir le pays dans la tranquillité. Ce qu'il dit de Charles IX aux États de 1574 témoigne de l'attachement qu'il avait pour ce prince, si honteusement égaré par de perfides conseils, et qui ne peut guère invoquer pour excuse que sa jeunesse, les passions violentes et implacables qui s'agitaient autour de son trône et l'entourage que sa mère lui avait donné.

« Il vous peut ressouvenir, Messieurs, que feu de très heureuse mémoire le roy Charles IXe, que Dieu absolve, ayant entendu l'an passé vos plaintes et doléances, et mesmes la stérilité de l'année quasi universellement de toutes choses en ceste province, par la rescription qui luy en fut faite d'une seule lettre close, avoit, sans attendre aultrement la remonstrance de vos délégués, commandé généralement par tout son Royaume descharger son peuple de la creue de 4 s. pour livre revenant à 800,000 livres. Et afin que ce fut chose notoire à tous et que aucuns n'en prétendissent cause d'ignorance, décerna ses lettres patentes à toutes ses courts de Parlement pour icelles publier et vériffier : en quoy l'on peut remarquer un acte mémorable de sa clémence et bonté roialle euvers ses subjects, et qu'il n'avoit riens plus en affection, aprez la pacification qui naguères avoit esté faicte, à la Rochelle, que de les soulager et relever de l'affliction en laquelle les troubles et guerres civilles les avoient réduictz. Mais le roiaulme n'a pas longtemps jouy de ceste patience qu'il ne soit aussitost retombé en la maladie de laquelle il ne faisoit que sortir, n'ayant les moyens, qu'on avoit essayés, apporté le fruict qu'on attendoit et désiroit, quand aucuns perturbateurs du repos public, sur la fin du mois de mars, s'estant desbandez de l'obéissance de S. M., se sont sous divers prétextes eslevez, à plaines voilles contre son estat, surprenant villes en plusieurs provinces de son royaume, et mesme trois villes en ceste province de Normandie, remarquées par les histoires estre le siége des antiens ennemis de ceste couronne, ce qu'estant venu à la congnoissance de S. M., meue d'une affection et charité plus que paternelle envers ceste province, il se peult dire trop plus qu'envers les autres qui estoient en semblable péril et danger, dépescha à l'instant le sieur de Matignon, l'un de ses lieutenans generaux en ceste province, avec grand nombre de gendarmerie et artillerie et toutes autres munitions de guerre nécessaires à l'entretenement d'un camp pour, en toute dilligence, résister aux pernicieuses entreprises des rebelles, et reprendre les dictes villes. Toutes fois auparavant que de pouvoir voir l'événement, l'effet et l'heureux succès d'une telle entreprinse, sentant la fin de ses jours approcher, et congnoissant par plusieurs signes fort évidents qu'il n'estoit gueres loing du terme de sa vie, il avait continué ceste mesme volonté envers ses subjects jusques au dernier propos qu'il avoit tenu en ce monde, regrettant l'oppression des bons et obbéissans, les recommandant d'une singullière affection à la Royne sa mère, et la priant d'en prendre la protection en attendant la venue du roi de Pollongne, son frère et légitime successeur, parole digne d'un tel Roy. »

En plusieurs circonstances, Bauquemare insiste sur l'utilité des États provinciaux et sur les attributions de ces assemblées; il répond aux critiques de ceux qui n'y voyaient qu'une formalité inutile ou qui s'efforçaient d'en dénaturer le caractère. Pour lui, l'usage des États provinciaux n'était pas un droit maintenu à la nation, mais une concession libérale dont il fallait savoir gré à l'autorité royale, qui eût été libre de ne pas l'octroyer. Dès 1566, dans son premier discours, il s'attache à relever aux yeux des États le mérite de cette faveur, que plusieurs considéraient comme un leurre, d'autres comme une forme amoindrie d'un droit imprescriptible indépendant de la royauté.

« L'un des plus grands biens et faveurs que le Roy face en ceste province de Normandie est l'entretenement de ceste louable coustume de tenir par chascun an les Estats, qui n'est aultre chose sinon que le Roy, par sa bonté, communique, par les commissaires députez par Sa Majesté, avec ses subjects, de son estat et de ses plus grandes affaires, selon les occasions occurentes, pour en estre par eux secouru, et par mesme moyen permect à ses dicts subjects faire leurs plaintes et doléances tant générales, qui concernent l'universel, que privées, qui regardent le particulier, pour en obtenir remède et provisions nécessaires. Le prince peut-il faire plus grande grâce, plus grand bénéfice à son subject que *mutuas operas prœstare?* C'est la vraye cause et origine de l'institution des Estatz, laquelle pourroit estre mal entendue et mal considérée par aucuns, lesquels, délessans ou ignorans le bien qui en provient et s'arrestant seullement à raconter que le Roy ne demanderoit rien, si on ne tenoit les Estats, oseroient bien dire que les Estats ne seroient nécessaires et mesme qu'il ne seroit besoing que ceux de l'estat de l'église et de la noblesse y assistassent comme n'y ayans inthérest, voulans faire un estat populaire. Ceux-là, sy aucuns estoient, erreroient doublement en leurs discours, premièrement en ce que le Roy ne demanderoit rien sans tenir les Estats, comme s'il ne demandoit aucune chose en plusieurs provinces de son royaume èsquelles il ne départy ceste faveur de pouvoir tenir les Estats, qui est chose trop absurde pour mériter responce. Mais au contraire, on pourroit bien dire que, sans les Estats et remonstrances qui s'y font par les députez en iceux, on ne se resentiroit de la libéralité du prince comme on a fait par le passé et mesmes l'année dernière par le rabais de la somme de 100,000 l. En second lieu, combien que des tailles et autres creues que le prince demande pour sa subvention soit faicte assiecte directement sur ceux du tiers estat, néantmoings ceux de l'église et de la noblesse en payent indirectement leur part, ce qui se peult congnoistre par un exemple familier. Combien il y a il de laboureurs tenans à ferme les héritages et possessions des ecclésiastiques et gentilshommes qui payent LX et IIII^{xx} l. de tailles lesquels, sans les dictes fermes, ne paieroient 100 s. ? Ceste charge ne vient-elle pas en diminution de leurs fermages? Voilà donc leur inthérest particulier d'assister aux Estats. Et pour le général, si l'estat de l'église ou celuy de la noblesse est grevé, est-ce pas en ce lieu où il en doibt faire plainte et doléance pour en estre fait remonstrance à S. M. Et, d'ailleurs, sy le tiers estat se plaint, qui lui donnera entrée, faveur et accez envers le prince, sinon par le moyen de ceux de la noblesse qui sont appelez assiduellement prez la personne du prince, à commencer du plus grand jusques au plus petit?... Sy faut faire remonstrances sur les plaintes et doléances de ceux du tiers estat, qui a accoustumé porter la parole, sinon l'ecclésiastique de ces trois Estatz bien liez et unis ensemble comme membres d'un mesme corps? » — Dans une autre harangue, celle de 1572, il s'adresse à ceux qui voulaient attribuer aux députés un pouvoir politique au détriment de la souveraineté royale. Cette prétention avait donné lieu, l'année précédente, à une remontrance de la part du duc de Bouillon, gouverneur pour le Roi en Normandie. « L'origine de cette convention, dit Bauquemare, n'est que pour deux causes réciproques, l'une qui regarde la personne du Roy notre prince, l'autre les gens des trois Estats. Quant à la première, qui regarde le prince... il vous fait entendre par le lieutenant de Sa Majesté et autres députez par icelle quelz sont les affaires, soit en temps de guerre, soit en temps de paix, en temps de sédition ou de repos, et selon les occasions et occurences, pour en estre subvenu et secouru par ses subjects selon l'urgente necessité d'icelle, se réservant à luy seul et son Conseil les affaires qui regardent son Estat, sa couronne et la conservation de son peuple, lequel ne peut estre maintenu sans les effets de la loy et l'exercice de justice de laquelle dépend son authorité observée, redoubtée et confirmée par ses édits, déclarations, commandements, volonté et puissance. Partant disputer en ceste convention de la validité de ses déclarations, de la cause, limitation et restriction d'icelles et moings révoquer en doubte s'il est licite d'y obéir comme chose qui concerne entierement son Estat... seroit offencer S. M. et engendrer scandalle au préjudice du repos public... L'autre cause est celle qui regarde les gens des trois Estats ausquelz S. M. donne puissance et liberté de proposer leurs griefs, doléances et plaintes, la liberté et puissance de demander l'entretenement des loix, coustumes et previléges octroyez à sa province, approuvez par les prédecesseurs roys et confirmez par S. M., bref la liberté et puissance de demander l'exécution de sa justice. Nous entendons, soubz ce nom général de justice, réparation de tout ce qui offense et opprime, pour quelque occasion que ce soit, pour y estre pourveu par la bonté naturelle de S. M , quant la demande en sera faicte en temps et lieu opportun et par personnes capables et suffisants de ce faire, *Non enim de quovis ligno Mercurius fingi potest.* Voilà ce qui légitimement se peult traiter ès Estatz des provinces sans sortir hors les limites de la puissance qui est donnée par S. M. aux uns et autres qui assistent à telles conventions. » (Harangue de 1572).

Après avoir entendu la demande du Roi, les députés rédigeaient leur cahier et se présentaient ensuite devant les commissaires des États afin d'obtenir le plus promptement possible un remède aux abus signalés. Le premier président les engage à se défier de l'impatience qui leur était naturelle et qui n'aboutissait souvent qu'à leur faire essuyer des refus. « Si vous aymez quelque chose du public, vous ne précipiterez avoir si prompte responce à vos articles, qui sont ordinairement tumultuairement proposez. Il n'est possible, à une après-disnée à commencer à trois heures, y pouvoir satisfaire, et encore qu'il y ait plusieurs articles qui ne se peuvent décider que par S. M., toutes foys, si on avoit le temps d'en délibérer, on donneroit advis à S. M. par lequel elle seroit excitée à le suivre ; mais les articles n'ayant aucunes ouvertures, elles sont respondues de mesme. Mais quelque chose que l'on vous remonstre, il n'est possible de vous faire donner une heure au public. C'est bien long de donner douze ou quinze jours comme ils font en plusieurs provinces du royaume. Vous y adviserez pour le bien public. » (Harangue de 1572.)

Dans une autre circonstance (1571), il recommande aux députés « de choisir d'entre eux personnes ydoines, propres et capables pour promptement porter le cahier au Roy, en prenant le temps qui leur sera indiqué par le gouverneur, auquel il appartenoit de leur procurer accès, entrée à la cour et prompte expédition de leurs affaires. Autrement, ajoutait-il, si vous portez vos remonstrances sans qu'elles soient assistées de la protection de ce médiateur naturel, il n'y a pas à douter qu'elles ne soient froidement reçues comme estant destituées d'appui et support. »

Dans l'abîme de maux où la France était plongée, les États de Blois avaient été pour Bauquemare et pour beaucoup d'autres un sujet d'espérance. Il en annonçait en ces termes la prochaine ouverture à l'assemblée provinciale du mois d'octobre 1576 : « Les Estats de France seront tenus le 15 novembre prochain à Bloys, chose qui estoit trop plus fréquente à nos anciens Roys que non à present, durant le regne desquels telles conventions estoient appelez Parlements généraux, l'assemblée desquels a tousjours esté le seul remède que les bons Roys ont trouvé à leurs affaires et le seul vray moyen et recours qu'il se doibt rechercher à l'extrémité des malheurs. »

Mais combien l'issue répondit peu à ce qu'on avait osé s'en promettre! Toujours partisan de l'autorité royale, Bauquemare rejette la faute complétement sur les députés qui « n'avoient trouvé aucun des moiens mis en avant par S. M. en son Conseil bons ny raisonnables, ny mesmes ce qu'il avoit proposé pour le dernier reffuge, à savoir la vente et aliénation de son dommaine, ny de leur part n'avoient fait aucune ouverture de subvention, ce qui sembloit avoir donné occasion de différer la résolution sur les articles des plaintes et doléances. Par ainsy le restablissement d'une bonne discipline et réformation et censure de la corruption des bonnes mœurs, brief le bien et soulagement que chacun espéroit et s'estoit promis de l'issue d'une telle assemblée, tenue par un si long temps, avoit esté réduict sans aucun effect et sans aucun fruict, en quoy l'on pourroit remarquer, non une loialle obbéissance, mais une publique résistance : publique est dicte par la forme du reffuz qui en a esté faict, par gens qui représentoient le public, que par le dommage qui en est advenu, qui peut estre appelé et dict grand désastre et malheur advenu à la France d'avoir perdu une telle occasion, laquelle peut estre ne se représentera de longues années, et qui sera cause que l'on sera contraint tous les ans pour faire le fonds des finances qui défaut, avoir recours à nouvelles aventures et remèdes extraordinaires sans grande espérance de satisfaction des plaintes et doléances du peuple. »

Un des résultats les plus clairs des États de Blois fut d'encourager à la résistance les États provinciaux.

On s'en aperçut bientôt par ce qui se passa à ceux de Rouen au mois de novembre 1578. Le récit des actes de cette assemblée se trouve consigné dans une lettre assez singulière, écrite par Edmond Panygrolles à un seigneur du pays de Bourgogne, lettre publiée dans le temps, par esprit d'hostilité au gouvernement de Henri III, et reproduite, il y a peu d'années, dans les *Archives curieuses de l'Histoire de France*, par MM. Cimber et Danjou qui ont commis l'erreur de voir un pseudonyme dans ce nom italien de Panygrolles (Panygarola), bien connu à Rouen pour avoir été porté par un conseiller du Parlement sous le règne de François Ier. Avant même l'ouverture de la session, il fut aisé de deviner que les députés ne se montreraient pas aussi traitables que par le passé et que leurs délibérations auraient un caractère particulier et une gravité exceptionnelle. Un grand nombre de barons et de gentilshommes des plus notables étaient arrivés à Rouen « pour entendre quelle serait la résolution des États et avec le dessein bien formé et hautement déclaré de leur prêter l'épaule et de leur faire tout aide de conseil et assistance. » De son côté, le Roi, prévoyant l'orage, avait dépêché le président de Bellièvre avec mission de pratiquer les députés et de les ranger, par ses « persuasions, en telle part qu'il eust voulu, dit Panygrolles, contre le bien du peuple, libertés et privilèges du pays. »

Bauquemare fit un long discours sur la puissance des rois, sur les grandes affaires auxquelles le gouvernement avait à pourvoir, sur les dépenses inévitables qu'entraînait la guerre et qui ne permettaient pas, pour l'instant, de décharger le peuple. Mais on ne pouvait douter de la ferme intention qu'avait le Roi de remédier aux désordres qui lui avaient été signalés, aussitôt que les circonstances le permettraient et que la paix aurait été rétablie dans le royaume. Allant au devant d'une plainte que ne pouvaient manquer de faire les députés et que si souvent ils ont renouvelée, jusqu'à ce que, sous Louis XIV, les soldats furent soumis à une forte discipline, il leur disait : « Il est sans doute, que, l'année présente, la gendarmerie a exercé cruaulté sur vos doz, pillé et ravagé vos biens, et qui plus est, que la chasteté n'est demeurée en seureté en plusieurs lieux, oultre qu'il y en a de la province qui ont eu le cœur si abastardy de fourrager la terre qui les avoit engendrez et nourris, dont vous avez souffert de grandes pertes.

« Si Dieu a envoyé, l'année présente, ceste affliction, il a, d'autre part, en récompense, donné une année fertile et abondante en tous biens, suffisante et capable pour l'entretenement des personnes et pour satisfaire à la demande de S. M. »

Une année fertile, c'était une chose rare, sous les règnes de Charles IX et de Henri III ! A part 1566, 1578 et 1581, toutes les années furent médiocres ou mauvaises, et souvent à la cherté des subsistances vinrent se joindre les ravages de la guerre et de la peste.

Dès le début l'orateur des États, Nicole Clerel, chanoine de Rouen, promoteur de l'officialité, ami et familier du cardinal de Bourbon, se plaignit, au nom de tous les députés, de ce que, contrairement au règlement de 1575, il y eût dans l'assemblée plus de cinq commissaires du Roi. Il fallut céder sur ce point. Bonacorci, Tourville, Novince, Langlois, sieur de Mauteville, « jeune homme sans barbe » et peu respectueux pour les États, se retirèrent de l'assemblée, non sans témoigner par leurs propos et par leur contenance le vif mécontentement qu'ils éprouvaient.

Deux jours après, Bellièvre, qui était tenu au courant des délibérations, fut introduit, mais sans le cérémonial qu'il eût désiré, dans la salle des États. Après avoir exhibé ses lettres de créance, il exposa les besoins urgents du gouvernement, confirma ce que Bauquemare avait dit des bonnes dispositions du Roi, « pour mettre fin aux abus par le moyen d'une notable assemblée qui serait convoquée dès le mois de janvier suivant. » Il finit en suppliant les députés de « ne prendre garde, pour entrer en mauvaise délibération, à quelques provinces qui sembleroient ne porter telle obéissance à leur Roy qu'elles devroient. »

Les représentations de Bellièvre produisirent peu d'effet. Clerel, dans sa réponse, insista avec force sur les griefs de la province.

« Représentez-vous, s'il vous plaît, Monseigneur, (il s'adressait au lieutenant-général de la province) les pauvres villageois de Normandie ayant la teste nue, prosternez aux pieds de votre grandeur, maigres, dechirez, langoureux, sans chemise en dos ny souliers aux pieds, ressemblans mieux hommes tirez de la fosse que vivans, lesquels, levant les mains à vous comme à l'ymage de Dieu, vous usent de ces paroles : — Jusques à quand sera-ce, Monseigneur, que les playes dont nous sommes affligez auront cours ? Jusques à quand verrons-nous l'emport violent de nos petits biens et facultez par le sergent qui nous contraint pour les intolérables subsides et impositions ? Jusques à quand le soldat indiscipliné, au veu et sceu de la justice et des magistrats, après avoir mangé et dissipé toute notre substance, ravy et emporté nos meubles, forcera-t-il impunément nos femmes et nos filles, battra et molestera nos enfants en notre présence ? Jusques à quand le mauvais conseil fera croire au Roy qu'il peut, sans fin, sans mesure, lever deniers, mesme contre les privileges et loix de ce pays, sans en demander l'avis à son peuple ?

« Jusques à quand sera-ce que des commissaires étrangers seront employez pour tourmenter la Normandie, pour rassassier la desbordée cupidité de ceux qui ne tendent, sous couleur de réformation et punition d'abus, qu'eux enrichir aux dépens d'autruy et altérer les volontez des sujets envers leur prince ? Sera-t-il sceu aux nations étrangères que, pour rétribution de la grande et obstinée obéissance des Normans, ils soyent si mal traitez par commissaires qui, de toute part, y affluent et y tendent comme à un blanc, comme si la justice ordinaire n'estoit suffisante de pourvoir à ce qui est nécessaire pour le bien du Roy et du public .. Se souviendront point les inventeurs des édits pernicieux à l'Estat du Roy et repos public que Dieu, qui est par dessus les roys, les peut confondre en abisme, comme il sait bien, quand il luy plaist, transférer les royaumes et monarchies où l'iniquité abonde ainsi qu'il menace en Ozée, chapitre 13, *auferam, inquit, regem indignatione meâ*.

« Ce sont, Monseigneur, les lugubres et piteuses exclamations des trois Estats, lesquelles, si je voulois exagérer par le menu, le jour me défailliroit plus tost que la matière à vous discourir telles angoisses, indignitez, oppressions et tourments qu'ils ont soufferts, auxquels ils ne peuvent plus résister, et seroit à craindre qu'ils n'entrassent en désespoir si leurs doléances ne sont pas mieux considérées qu'elles n'ont été par le passé. »

Ce qui fut plus sensible aux commissaires que la dureté de ces paroles, ce fut la rédaction du cahier. Cette année, par exception, les États se bornèrent à de courtes remontrances sans se préoccuper de rédiger des articles, déclarant qu'ils savaient bien que c'était peine perdue et qu'on les amuserait encore par des réponses évasives et par de trompeuses promesses.

Tous, d'un commun accord, ils supplièrent S. M. de remettre les tailles, subsides et impositions en « la sorte qu'ils estoient du temps du roi Louis XII, et de pourvoir quant et quant à la multiplicité des officiers qui avaient été érigés depuis ce temps, en maintenant l'église, la noblesse et le tiers-état en leurs libertés et prérogatives, suivant la Charte normande. »

En même temps, ils nommèrent des délégués qui furent chargés de se transporter, sans délai, au Parlement, à la Cour des Aides et au Bureau des Finances, afin de s'opposer à l'enregistrement des édits fiscaux que le Roi pourroit être tenté de faire vérifier.

En agissant de la sorte, nos États obéissaient à un mot d'ordre qui courut tout le royaume. Peu de jours auparavant, ceux de Bourgogne avaient formulé exactement les mêmes demandes, et c'est ce qui nous porte à croire qu'Edmond de Panygrolles n'était pas autre chose qu'un espion, au service d'un meneur de cette province. Du reste, la prétention des politiques de ces assemblées, si déraisonnable qu'elle doive paraître, pour peu qu'on songe aux charges accablantes de l'État, cette prétention ne se produisait pas pour la première fois. Elle avait été exprimée (avec plus de modération, il est vrai) aux États généraux de 1560 ; et même, aux États de Normandie, en 1561, on avait sollicité, sans sentir l'absurdité d'une pareille pensée, la réduction des tailles au taux où elles étaient du temps du roi saint Louis, absolument comme si rien n'eût changé depuis lors, ni la forme, ni les besoins du gouvernement, ni la fortune publique, ni la valeur des monnaies.

Quelques jours après la clôture des États de Normandie de 1579, Henri III envoya à Rouen le sieur de Miraumont, l'un de ses écuyers ordinaires (1). Celui-ci convoqua les conseillers de l'Hôtel-de-Ville. Il leur exposa que S. M., sans tenir compte de tant d'apparences défavorables, les considérait toujours comme de bons et de loyaux sujets, qu'elle désirait ardemment leur soulagement et leur repos, que son plus grand regret était de n'avoir pu jusqu'à ce jour, à cause des troubles, leur en donner de meilleures preuves. Elle se flattait toutefois d'avoir remédié à plusieurs abus que le malheur des temps avait introduits en toute sorte d'états. Il était loin de sa pensée de contester les maux qu'ils avaient éprouvés de la part des gens de guerre ; mais déjà bon nombre des coupables avaient été châ-

---

(1) « Miraumont, lieutenant du grand prévôt de l'Hôtel, dont on a plusieurs ouvrages » décédé en 1611. *Mémoires pour servir à l'Histoire de France*, 1719, t. 2, p. 372.

tiés. Elle convenait encore qu'il avait été publié une foule d'édits véritablement oppressifs. Étrange aveu d'impuissance ou d'anarchie ! Le Roi déclarait ces édits faux et controuvés ; on n'y devait voir qu'une, indigne manœuvre de malins esprits, à qui tous moyens étaient bons pour pousser le peuple à la révolte et à la sédition. Il promettait de travailler sans retard à cette réforme générale depuis si longtemps attendue, comme si, dans l'ordre politique, le bien absolu était praticable, même en supposant les meilleures intentions aux chefs du gouvernement. Dès le commencement de l'année qui allait s'ouvrir, il manderait près de lui, afin d'y aviser, puisque les États-généraux avaient failli à leur tâche, les princes, les officiers de la couronne, les principaux personnages du royaume. En attendant, il recommandait de ne point prêter l'oreille aux perturbateurs, « qui n'avoient rien moins dans le cœur que ce qu'ils mettoient en avant et proposoient pour le bien et pour le soulagement du peuple, lequel ne sauroit être aimé, chéri et embrassé de personne vivante avec plus d'affection et d'inthérest qu'il avoit tousjours esté et seroit éternellement de S. M., comme celle qui y estoit très estroictement obligée et qui recongnoissoit ne pouvoir avoir bien, contentement et advantage qu'en ce faisant. » Miraumont parla aussi des intrigues qui se faisaient contre l'édit de pacification, et pour attendrir les conseillers, il représenta la reine-mère se mettant en route, âgée comme elle était, et dans une saison si rude, afin de faire rentrer dans le devoir les villes rebelles de la Guyenne, du Languedoc et du Dauphiné (1).

(1) Archives municipales de Rouen. Registres des délibérations du Conseil.

La mission dont Miraumont était chargé ne se bornait pas à Rouen. Il dut porter les mêmes paroles de paix et de conciliation à Caen, à Alençon, à Bayeux, et probablement aussi aux autres villes de la province. Mais nous ne saurions dire jusqu'à quel point le Roi eut à s'applaudir des résultats obtenus par ce négociateur, dont le nom est resté assez obscur.

Une sorte de satisfaction fut donnée dès lors aux plaintes des députés par l'établissement, au Parlement, d'une chambre chargée de rechercher les malversations dont s'étaient rendus coupables les officiers du Roi. Le chanoine Clerel qui s'était fait, à la dernière convention, l'interprète passionné des griefs de la province, fit partie de cette chambre (1), dont le pays ne reçut pas les services qu'il en espérait. Bauquemare, dans une de ses harangues, en fit même l'objet d'un reproche aux députés : « Vous avez, leur disait-il, déclamé bien haut contre l'honneur des officiers, sans toutefois en avoir fait aucune poursuite, ni baillé mémoires, ni instructions à M. le procureur-général du Roy, quelque instance qu'il en ait faicte au procureur-syndic des États (2) »

Cependant, le Roi n'ayant pu obtenir que des subsides, non-seulement insuffisants, mais encore conditionnels, des députés de Normandie, se vit dans la nécessité de convoquer une assemblée extraordinaire pour le 15 mars de l'année 1579. Il envoya à Rouen, pour la présider, un des hommes les plus illustres du

---

(1) Archives de la S.-Inf. F. du Chapitre de la Cathéd. Délib, capitulaires.

(2) Harangue du mois d'oct. 1579.

royaume, le maréchal de Montmorency, qui n'oublia pas, dans cette circonstance, afin d'aider un peu au respect, de se faire accompagner de quelques troupes (1). Cette fois, les députés n'eurent point à se plaindre du nombre exagéré des commissaires du Roi. A la convention, le maréchal ne fut assisté que du lieutenant-général Carrouges, de MM. de Bauquemare, Bigot et de Hurault, maître des requêtes (2). La remontrance fut faite au nom du Roi par Bellièvre ; et, ce dont jusqu'alors il n'y avait point eu d'exemple, on ne demanda pas de harangue au premier président.

Il y a tout lieu de supposer que les commissaires, au lieu d'agir par intimidation, comme on l'avait craint, s'appliquèrent, au contraire, à ménager, autant que possible, la susceptibilité des députés. Ceux-ci, en effet, dans leur cahier (3), rendent grâces à Dieu « de ce que le Roi avait accueilli bénignement leurs délégués, et de ce qu'il avait écouté avec bienveillance les remontrances du peuple arrêtées dans l'assemblée de novembre 1578, » sans ajouter foi aux faux bruits que plusieurs ennemis de l'État avaient fait courir, en annonçant partout que Sa Majesté se vengerait des députés et les punirait sévèrement de la faute qu'ils avaient commise au préjudice de son autorité. Ils demandèrent à Henri III d'ordonner l'annulation des poursuites commencées contre certains membres de la dernière convention, comme ayant été pratiquées

---

(1) Arch. de la S.-Inf. F. du Chapitre. Reg. Capitul. Le Chapitre fit des démarches pour être dispensé du logement des gens de guerre.

(2) V. Harangues de Bauquemare.

(3) Bib. nation. L. 937.

par la menée de misérables calomniateurs, et la punition exemplaire de ceux-ci comme perturbateurs de la tranquillité publique. Ils voulaient qu'il fût rendu un édit perpétuel irrévocable, déclarant infâmes et indignes de fonctions publiques tous ceux qui obtiendraient ou même solliciteraient le rétablissement des offices supprimés, et que l'on procédât à une suppression générale et immédiate de tous les nouveaux officiers, tant de judicature que de finance. Ils réclamaient encore la confirmation entière de la Charte normande et de tous les priviléges qu'elles consacrait; une prochaine convocation des États-généraux, et, en attendant, une réponse favorable et précise aux cahiers des États-généraux de Blois, auxquels ils avaient pris l'habitude de se référer dans la plupart de leurs cahiers particuliers. En réponse à cette dernière réclamation, Henri III fit écrire : « Les suppliants se doivent contenter de la responce que le Roy leur a faicte de sa propre bouche sur la dicte assemblée, qui est plus à estimer que tout escrit qui leur en sçauroit estre baillé. » On répondit aux autres demandes par des promesses évasives, mais polies et bienveillantes dans la forme. Pourtant, sur un point important, on fit droit aux vœux des députés. Dès le mois d'avril 1579, le Roi fit expédier des lettres en forme de chartre, portant confirmation des priviléges, droits et libertés de la province de Normandie. Ces lettres furent enregistrées le 5 mai suivant au Parlement. Quant aux impositions qui étaient ce que le gouvernement avait le plus à cœur, les députés durent se contenter d'un rabais de 120,000 livres, ce qui remettait les contributions de la Normandie sur le pied où elles étaient, non point du temps du roi Louis XII, mais en l'année 1574.

Les mois qui suivirent se passèrent assez tranquillement, et l'on put espérer que la révolte était conjurée en Normandie. L'autorité du Roi parut raffermie, et ceux qui la représentaient, à des titres divers, reprirent quelque confiance en leur force. On ne tarda pas à s'en apercevoir au discours que prononça le premier président de Bauquemare à l'assemblée ordinaire du mois de novembre 1579. Revenant sur les actes des États de l'année précédente, où son éloquence avait subi un si grand échec, il ne se gêna pas pour les juger dans leur esprit et dans leurs conséquences, et il s'efforça de faire comprendre aux nouveaux députés l'imprudence qu'ils commettraient en allant y chercher un modèle et des précédents pour leurs délibérations :

« Les affaires publiques, leur dit-il, se doivent traiter, changer et conduire petit à petit, à l'imitation du gouvernement de ce grand Dieu de nature qui fait toutes choses lentement et quasi insensiblement, conjoignant toujours les extrémités par moiens et non tout à coup.

« Ce brief discours est dit pour raison de deux articles de vos doléances présentez au Roy l'an passé, lesquelz, bien que précipitez... S. M. vous les a respondus par sa bonté et clémence, par sa justice et équité, selon la possibilité et nécessité des affaires de ce royaume. L'un est la réduction de la taille, impôts et subsides au temps du roy Louis XIIe ; l'autre la suppression de tous offices créez depuis le décès du Roy Henri IIe, sans aucun remboursement. Desquels articles n'eust été faicte aucune mention, comme de chose qui deust estre effacée de la mémoire des hommes, synon qu'il semble les dits articles avoir esté sy bien gravez et imprimez au cœur d'aucuns de ceste province, qui se sont promis l'effect de leur demande comme possible et raisonnable, dont le juste reffus faict par le Roy leur pourroit, par faux entendre, avoir donné quelque altération de leur antienne fidélité et obéissance deue à S. M. Ce qui donne occasion à présent vous remonstrer en bref l'impossibilité de l'un, et que l'aultre ne peut estre octroyé ni permis, pour l'ordre de justice ny auciennes loix de ce Royaume. Quant au premier tous ceux qui ont quelque sentiment ont pensé que cette demande avoit été faicte plustost pour en espérer quelque règlement, non qu'elle peust ou deust réussir aucun effect. Car il vous est assez notoire et congneu, pour vous l'avoir dit par plusieurs fois, que le Roy, à son advesnement à la couronne, a trouvé tous aydes et subsides et gabelles alienez et domaine d'icelle et une bonne partie des tailles engagée à ses sujets et autres, non pour les dettes siennes ny par loix contraires, mais commencées du temps du Roy Henry IIe et continuées depuis par ses successeurs à cause des troubles advenus en ce royaume depuis vingt ans en ça. Mais néantmoins il demeure toujours chargé des dépenses accoustumées lesquelles, l'an passé, vous feurent bien amplement et particulièrement discourues et esclaircyes par monsieur le président Bellièvre. Et outre ce luy a convenu bailler grand appanage à Monsieur son frère, et si demeure chargé de trois douaires, assavoir de la Royne sa mère et de la Royne d'Escosse (Marie Stuart) et de la Reyne Elisabeth (1), toutes lesquelles

(1) Elisabeth d'Autriche, veuve de Charles IX, décédée en 1592, à Vienne, au couvent de Sainte-Claire, qu'elle avait fondé.

choses n'estoient en considération du temps du Roy Louis XII, joinct que l'estimation d'icelles a surhaussé dix fois plus qu'elle n'estoit au dit temps. Aussi, par mesure suivante, les fermes sont augmentées. A laquelle similitude l'on pourroit discourir par le menu l'augmentation de toutes les particularités des actions des hommes, mesme des mariages des filles de France, des appanages, des douaires, des rençons de l'Estat, des finances, des pensions des capitaines, de la paye des soldats, bref des journées et vaccations de chacun, si l'on veult se représenter devant les yeux et conférer les affaires du temps présent avec celuy du passé. Aucuns ont voulu dire et croire que le Roy reprenne en ses mains son domaine, ses aides et gabelles et subsides. Ce propos est fort aisé et facile à dire ; mais l'exécution très difficile et par raison impossible. Et pour le faire entendre sommairement, que deviendront 5 à 6 millions de livres de rente constituées sur telle nature de deniers par toutes les villes de ce royaume aux sujects d'icelluy ? Que deviendront les plaintes, gémissements et lamentations de tant de familles, de veufves et d'orphelins qui seroient par ce moyen privez de leur bien, de leur sang et nourriture, ayant baillé leurs deniers et leur propre substance pour subvenir à l'extrême nécessité des affaires de ce royaume, et lors mesme qu'il estoit opprimé par les estrangers ? Auroient-ils pas mille fois et sans comparaison plus juste occasion de se plaindre que ceux qui ne sont chargez que du paiement des tailles et crues accoutumées depuis et auparavant les troubles survenus ?

« Votre demande est belle et spécieuse, mais elle ne peult apporter aucun fruit, sinon celuy de la sédition, dont ce pauvre royaume a esté bien affligé depuis vingt ans. Sy ceux qui doibvent la taille pensoient en estre deschargez, pour les denier à leur seigneur et prince souverain, ils se trompent bien, car, en ce faisant, ils exciteront sur eux double armée, l'une justement, par le Roy, pour la punition de leur désobéissance, qui les ruinera d'un costé, et l'aultre qui fault nécessairement estre conduite à leurs despens, si veullent croire ceux qui les auront acheminez à telle désobéissance qui les ruinera de l'autre part, non-seulement en ce qui concerne leurs meubles et bestiaux, mais aussi la totalle ruine de leurs maisons, sans espargner bien souvent la chasteté de leurs femmes et filles, comme sont tels ordinairement les malheureux effects de la guerre civile. Il ne fault rechercher plus loing les effects de ceste double armée que aux prochains voisins de ce royaume, lesquels congnoissent maintenant combien c'est chose déplorable des trahisons et insidies qui sont dedans leurs entrailles... Il sera lors bien tart de se repentir et congnoistre combien le joug du Roy notre prince souverain est plus doux et plus facile à supporter que les oppressions provenant d'une telle désobéissance. »

Après ce long préambule, Bauquemare exposa la demande du Roi. Il n'y avait plus lieu d'accorder de remise comme on l'avait fait l'année précédente. La Normandie était imposée à un million 79,033 l. pour sa part du principal de la taille, sans compter les crues de 3 sous et de 18 deniers pour livre, les subsides accoutumés pour les fortifications, le parisis, le taillon, et les autres charges ordinaires de la province qui étaient le traitement des gouverneurs et des officiers, les gratifications des commissaires du Roi, les taxes des députés, les postes, alors directement placées sous l'autorité du lieutenant-général de Normandie.

Bauquemare s'adressa à chaque ordre à part ; il traita avec honneur le clergé et la noblesse, en leur rappelant les services que, de tout temps, ils avaient rendus au Roi et au pays. Il n'eut guère que des paroles dures pour le tiers-état, qui pourtant avait droit à des égards particuliers, puisqu'il souffrait plus que les autres des abus, si fréquemment et si vivement signalés, et qu'il portait la plus grande part des charges publiques. « Quant à vous aultres, Messieurs, dit-il aux députés de cet ordre, qui estes comme la partie de l'ame appelée concupiscence, gisant au foye et procurant le nourrissement universel, desquels provient le nourrissement de tous les aultres, offrez libérallement la demande que le Roy vous faict pour la necessité de ses affaires, et prenez garde qu'un refus, qui ne se peult appeler qu'une désobéissance, ne vous face perdre sa bonne grâce et faveur, qui seroit la vraye ruine de vous mesme. »

Les sommes qu'on leur demandait représentaient près du tiers des impositions de toute la France. L'année suivante, la demande fut à peu près la même. En 1581, elle fut de 574,402 écus pour la part du principal de la taille fixée pour toute la France à 4 millions de livres, non compris les crues de 3 sous et de 18 deniers pour livre, le taillon, le parisis, 3,000 écus sur les bailliages d'Évreux et d'Alençon pour l'entretien des compagnies de Monsieur frère unique du Roi et les autres charges accoutumées. En 1582, la demande fut encore plus considérable. La taille fut portée à

595,841 écus, sans compter les crues, le taillon, le parisis, etc. On imposa, de plus, 18,000 écus sur les généralités de Caen et de Rouen pour leur part dans la somme de 83,333 écus, affectée au remboursement des offices d'audiencier contrôleur des chancelleries de Paris, Toulouse, Bordeaux, Rouen, Dijon, de Provence et de Bretagne, et encore, cette année, la Normandie eut-elle à repousser une demande supplémentaire de 250,000 écus. — En 1583, la taille fut réduite de 77,954 l. — En 1566, elle était, pour toute la France, de 4 millions de livres ; pour la Normandie seule, de 1,242,075 l., non compris les crues. — En 1572, le total des diverses impositions afférentes à notre province s'élevait à 1,480,930 l.

On voit par là dans quelle proportion la Normandie contribuait aux charges publiques. La répartition était-elle injuste, nous ne saurions l'affirmer; mais il est certain que les Normands ne cessèrent d'en contester l'équité, au risque d'accroître la réputation de gens intéressés qu'ils s'étaient faite dans toute la France. La querelle dura plusieurs siècles ; elle était engagée dès le règne de Charles VII et elle devint publique aux États-généraux de 1484. A cette célèbre assemblée dont les actes nous ont été conservés par Jean Masselin, doyen de la cathédrale de Rouen, nos députés se plaignirent avec une extrême énergie de ce qu'on eût taxé la Normandie, comme faisant le quart du royaume, bien que certainement elle n'en formât que le dixième. Dès cette époque, ce sont les mêmes plaintes que nous entendons formuler aux États de Normandie sous le règne de Henri III. « Nous avons demandé, disent les députés normands à Charles VIII, nous avons demandé, en invoquant nos droits et nos priviléges, qu'on ne levât point sur notre peuple de contributions sans le consentement exprès des trois États de la province qui sont assemblés tous les ans pour les voter. Le peuple de Normandie n'est-il pas accablé de plus de charges que les autres ? N'est-il pas tout entier à moitié ruiné, et manquant presque des premières nécessités de la vie ? » Dès cette époque aussi les officiers des finances étaient en butte à cette impopularité qu'expriment, parfois de la manière la plus violente, les cahiers de la fin du xvi⁰ siècle. Nous avons entendu les députés en 1579 demander la note d'infamie pour ceux qui solliciteraient la création de nouveaux offices. En 1484, un député normand s'élevait avec un égal emportement contre les généraux des finances, qu'en propres termes il envoyait au diable : « J'ai, disait-il en pleine assemblée, la ferme conviction qu'ils sont pour la plupart tourmentés dans l'autre vie des peines de l'enfer, et je présume, par ce que nous voyons, que d'autres iront leur tenir compagnie » (1).

L'exagération du chiffre de l'impôt, la création et la vénalité des offices, tels furent pendant longtemps les deux principaux griefs du tiers-état. Les autres étaient communs aux trois ordres. Mais ceux-là intéressaient le tiers plus particulièrement. Malheureusement c'étaient ceux pour lesquels le remède était le plus difficile, tant qu'on admettrait des classes d'exempts et de privilégiés.

(1) Jean Masselin. *Journal des États généraux de 1484*, publié dans la Collection des *Documents inédits*, p. 483.

Dans son livre trop peu connu : *Du Gouvernement, des Mœurs et des Conditions en France avant la Révolution*, Sénac de Meilhan (1), à propos de ces offices, qui furent une des plaies de l'ancienne société, rapporte un mot du contrôleur général Desmarets à Louis XIV. Ce ministre ayant proposé au Roi, pour subvenir aux dépenses de la guerre, la création d'un grand nombre d'offices, Louis XIV, frappé du peu d'importance de ces singulières fonctions, demanda qui pourrait avoir l'idée d'acheter de pareilles charges. — « Votre Majesté, répondit Desmarets, ignore une des plus belles prérogatives des rois de France, qui est que lorsqu'un roi crée une charge, Dieu crée à l'instant un sot pour l'acheter. »

Ces charges furent en assez grand nombre sous Charles IX et sous Henri III, pas en plus grand nombre pourtant que sous Louis XIII et sous Louis XIV. Mais comme il régnait alors un esprit de révolte, ces inventions du fisc n'étaient pas acceptées aussi facilement qu'elles le furent du temps de Desmarets. Les acheteurs de ces offices étaient peut-être d'ailleurs moins sots que cupides. S'en étant fait pourvoir à beaux deniers comptants, ils entendaient les faire valoir aux dépens du peuple, et leurs exactions étaient d'autant plus pénibles que ces offices prêtaient au ridicule et ne répondaient aucunement au but d'utilité que l'on mettait mensongèrement en avant, afin d'en justifier la création. L'excuse très sérieuse de ces rois, tour à tour tiraillés et vilipendés par tous les partis, fut que pous-

---

(1) Sénac de Meilhan avait été intendant de Valenciennes sous Louis XVI.

sés sans cesse à la guerre et aux mesures violentes par l'opinion publique, qu'ils ne purent ou ne surent diriger, ils ne trouvèrent pas dans le pays assez d'énergie et de patriotisme pour accepter courageusement les conséquences rigoureuses de la situation qui leur était faite.

Quoi qu'il en soit, l'irritation causée par ces expédients malheureux qui avilissaient les fonctions publiques fut si grande que le roi Henri III crut nécessaire de promettre d'y renoncer absolument. Par un édit du mois de février 1583, il prohiba, d'une manière absolue, la vénalité des offices de judicature et commanda par des lettres closes aux cours de Parlement et aux baillis de dresser une liste de « ceux qu'ils connaîtroient dignes et capables de doctrines, expérience et versez en affaires publiques, avec honneur et réputation, pour par après, vacation advenant, les pourvoir gratuitement des offices vacans. » Le Roi déclarait que sa ferme résolution était de nommer aux dignités ecclésiastiques, « de vrais observateurs de la foi qui pussent servir de miroir et d'exemple à tous, de confier les charges publiques aux gens expérimentés, sans se préoccuper de la naissance, et les emplois militaires aux bons et anciens capitaines. »

Cette même année, il envoya en Normandie le sieur de la Mothe-Fénelon et Blancmesnil, maître des requêtes, pour recueillir les renseignements nécessaires à une réformation générale des impôts. Il s'imaginait que cette promesse les ferait accueillir favorablement par les États et lui ferait obtenir un vote de 250,000 écus par an pour supplément de fonds de finances. Mais son espoir fut déçu. Les deux commissaires entrèrent dans la salle des États le jour de la réponse, et à leur grande surprise, il leur fut déclaré par les députés que le pouvoir des États venait d'expirer et qu'ils n'avaient plus rien à accorder.

Ce qui frappe surtout dans les harangues du président de Bauquemare, c'est le sentiment d'une profonde décadence dans les mœurs et dans les institutions de cette France qui avait encore jeté tant d'éclat sous le règne de François Ier ; c'est la crainte de l'avenir et presque du lendemain, une sorte de découragement à la vue des dissensions intestines qui épuisaient le pays et le livraient en proie aux étrangers, aux Anglais, aux Espagnols, aux Allemands, réputés dès lors pour la nation la plus dure et la plus féroce (1). Il faut entendre ces plaintes pour comprendre le triste état de nos contrées autrefois si florissantes et pour nous aider à trouver moins amères celles que, chaque jour, nous entendons autour de nous, et qui trouvent un écho dans tous les cœurs. N'oublions pas que c'est Bauquemare qui parle en qualité de premier président et de commissaire du Roi et qu'il n'avait point intérêt à peindre la situation sous des couleurs trop sombres.

Cette civilisation conservait encore, il est vrai, un vernis de politesse, de luxe et d'élégance ; mais, comme le remarque Bauquemare, « toute belle cité ne demeure en pied pour avoir des maisons bien basties, bien superbement lambrissées et couvertes. Toutes ces choses sont sans âme et sans sentiment quelconque et peuvent estre r'uynez et reparez. L'éternité des choses

(1) C'est ainsi que le traitent Bauquemar dans ses harangues, Martin du Bellay dans ses Mémoires

est la paix d'entre les citoyens et subjects, et le salut de tous ne consiste qu'en la conservation du prince et de sa justice et police. »

« Aujourd'hui, dit-il, dans la harangue de 1567, oserait-on bien dire que celui seul qui est enfermé en sépulture soit en sureté des abois de la fortune. Il est malaisé qu'un tel et si grand royaume puisse estre, non plus que les autres, sans quelque corruption. Toutesfois elle est de présent si grande qu'il n'y a partie du corps qui ne soit blessée. Cela est assez notoire et suffira de l'avoir dit pour vous admonester à craindre et aimer notre Roy. »

En 1570, il faisait un tableau touchant de ce « royaume naguères redoutable plus que tous les autres, florissant par dessus les autres en religion, armes, lettres, justice et richesse, maintenant mangé, pillé, bruslé et ruiné par les estrangers et ses concitoyens.»

« Nul ne peut ignorer, ajoute-t-il, combien ces guerres ont occasionné de transgressions d'offices et debvoirs, combien d'irrévérences à Dieu, combien de désobéissances et d'entreprises sur l'autorité du Roi, combien de mespris contre l'honneur du magistrat, combien de corruption de mœurs, changement de loix, vengeances horribles, mescongnoissance de consanguinité et parentage, oubliance d'amytié, extorsions violentes, pilleries, changements et ruine de police. Chacun a voulu forger ung droit tel qu'il a imaginé selon sa conception. Combien par diversité et confusion de pensées, desquelles plusieurs estoient agitez, la vie des hommes, non-seulement publics, mais aussi privez, a esté réduicte en extresme danger et péril, chacun l'a veu à l'œil, senti et touché. Ce royaume, lequel savons estre accreu et avoir été rendu invincible par la concorde et prouesse des ancestres, s'affoiblit peu à peu et diminue avec grand blasme et reproche, et quasi comme un corps languissant de maladie incurable. » — Mêmes plaintes en 1575 : « Toutes choses sont débilitées et presque éteintes par la misère de ce temps et dépravées complections des vicieux. Il n'est personne qui ne voye à l'œil quelle force de temps, quel règne court en la république de France, quelle variété et diversité des choses, combien sont incertaines les issues d'icelles, combien sont flexibles et muables les volontés des hommes, combien il est difficile remédier en affaires tant périlleuses et douteuses. » Homme dévoué à l'autorité royale, qui l'avait tiré d'un rang médiocre pour le porter à la première magistrature de la province, Bauquemare constatait avec inquiétude, et même avec effroi, la diminution progressive de l'amour du prince, en qui se personnifiait autrefois la patrie, de ces sentiments de respect et d'affection envers la personne du Roi, qui, pendant longtemps, avaient distingué les Français entre toutes les nations.

Déjà en 1566, il s'écriait : « Le Roi en serait-il réduit à seullement seigneurier, comme ce malheureux roi de Perse Darius, les pierres et couvertures des maisons et citez... Je laisse à penser combien il y a aujourd'huy en France de villes, bourgades et chasteaux dont le Roy est seullement seigneur des pierres et couvertures, les volontez de ses sujets lui estant rebelles. Las ! quel bien c'est au Roy d'estre aymé de son roiaulme, et combien il est bon au royaulme de craindre son Roy. »

En 1583, à la fin de sa carrière, et la dernière fois qu'il porta la parole devant les Etats, il crut opportun d'établir le caractère et l'origine de l'autorité royale et de combattre la doctrine de ceux qu'il appelle démagogues, qui proposaient la forme républicaine.

Suivant lui, Dieu donne le Roi au peuple, ainsi qu'il se voit dans l'Ancien Testament. « Il a voulu qu'il fût oint pour resentir quelque chose de la divinité, laquelle onction a esté successivement continuée aux roys chrestiens et spécialement aux nostres, lesquelz, à l'instant de l'onction, ont toujours resenty quelque chose de divinité, comme il est remarqué en quelques grâces spéciales à eux octroyées de Dieu. Voilà donc l'ancienne forme de république creée et ordonnée de Dieu et d'autant plus parfaite et admirable par dessus les aultres de combien Dieu, qui est autheur de la dignité royalle, est plus parfaict et admirable que l'homme qui est la simple créature et imparfait.

« Les autres.... n'ont voulu attribuer l'origine des roys à nature, ni à la divine puissance, mais tiennent qu'elle procède du tout de l'establissement et puissance du peuple, pour l'amour et gré duquel il estoit estably, et puisque le peuple establissoit le Roy, que le corps du peuple estoit par dessus le Roy... Dans ce système, la république est comparée à un navire dont le Roy tient la place du pillote et le peuple est seigneur du vaisseau, obéissant à son pillote tant qu'il a soing du salut public. Brief le Roy tient du peuple et possède, comme par emprunt, toute son authorité et puissance, et en cas de transgression des Roys, le peuple peut donner règlement légitime à l'Estat. — En quoy, dit Bauquemare, ils ont fort travaillé pour parvenir à leurs intentions trop eslongnées de la tranquillité et repos publicq, prenans le chemin des troubles qui ont rendu notre siècle fort lamentable, calamiteux et misérable pour, en continuant telles brisées, faire congnestre au peuple quelle peult estre la puissance légitime d'un Roy et jusques où elle s'estendoit, pour par tel déguisement s'efforcer leur faire parroistre plusieurs mauvais effets, voire jusques à l'esclaircir par quels moiens l'on pouvoit résister à son prince souverain et par telz artifices destourner les subjets de leur bienveillance et naturelle obéissance, le tout soubz le manteau et tiltre spécieux d'une liberté de bien public et anéantissement d'impositions, tributs et subsides. L'on a appelé ceux qui usent de tels artifices démagoges, traduit, suivant l'éthimologie du mot, conducteurs du peuple, qui font et disent au gré du peuple, tout ce qu'ils peuvent, pour un temps, afin d'avoir sa bonne grâce et eux accrestre en authorité et richesses, qui sont deux fins de sédition et remuement d'Estat. Au lieu d'une liberté et exemption de charges follement imaginée l'on se fait serf et esclave des passions d'autruy. » Bauquemare annonce que le Roi, instruit de ces manœuvres, avait mandé lettres à toutes les cours de Parlement, gouverneurs des provinces, baillis et sénéchaux, « dans lesquelles il faisait mention de ce beau voille de bien public, afin que ses peuples et sujets fussent bien avisés qu'en désirant traverser la mer à pied sec, ils étaient guidés par des imposteurs qui les feroient noyer. » Il annonçait, du reste, que S. M. avait entendu le rapport des commissaires qu'elle avait envoyés dans toutes les parties du royaume, afin de dresser un état exact de toutes les levées qui pesaient sur les contribuables, et que dans la prochaine assemblée de Saint-Germain on étudierait sérieusement les moyens de soulager le peuple.

Il nous a paru assez singulier de rencontrer, en plein XVIᵉ siècle, un premier président de Parlement qui s'efforce de combattre, dans une assemblée provinciale, la forme républicaine vers laquelle semblaient incliner un certain nombre de ses compatriotes. Mais cet étonnement a cessé en parcourant le livre de René Bodin, où se trouvent exposés avec une entière liberté, et souvent avec une raison supérieure, les inconvénients et les avantages des diverses sortes de gouvernement. Bodin, l'auteur du livre de la *République*, l'un des orateurs les plus marquants des États de Blois, avait été favori d'Henri III pendant plusieurs années.

Bauquemare mourut à temps pour ne pas voir la réalisation de ses tristes prévisions, un Roi fuyant devant l'émeute, obligé de chercher un refuge à Rouen ; bientôt après assassiné en vertu d'un prétendu droit, assurément inconnu des anciens Français, qu'on avait vus supporter la longue folie de Charles VI, et payer, sans trop murmurer, les lourdes rançons de Jean-le-Bon et de François Iᵉʳ.

APPENDICE.

Commissaires du Roi délégués pour tenir les États de Normandie, de 1566 à 1583.

1566, le duc de Bouillon, gouverneur de Normandie, de Carrouges, lieutenant général au gouvernement de cette province, pour les bailliages de Rouen et d'Évreux ; Jean-Paul Le Conte sieur de Dracqueville, maître des requêtes ordinaire de l'hôtel ; d'Aubigny, général de Normandie.

1567, Carrouges, Bauquemare, Dracqueville, d'Aubigny.

1568, les mêmes.

1569, Bauquemare, Dracqueville, le sieur de Grantrue, trésorier de France, Pierre de Bonacorcy, général des finances, Novince, autre général des finances.

1570, Carrouges, Bauquemare, Dracqueville, Grantrue, de L'Abessey, autre trésorier de France en la généralité de Rouen, Bonacorcy et Novince.

1571, le duc de Bouillon, Carrouges, de Bréauté, chevalier de l'ordre du Roi, bailli de Gisors, Grantrue, L'Abessey, Bonacorcy, Novince, Émeri Bigot, premier avocat du Roi au Parlement. Dracqueville se retira « suivant le commandement du Roi, contenu dans des lettres closes à ces fins expressément envoyées. »

1572, Carrouges, Dracqueville, Grantrue, L'Abessey, Bonacorcy, Novince, Gayant, général de Normandie, Émeri Bigot.

1573, Carrouges, Bréauté, Grantrue, L'Abessey, Bonacorcy, Novince, Gayant, Bigot.

1574, Carrouges, Bréauté, Dracqueville, Grantrue, L'Abessey, Montmor, trésorier de France en Normandie, Bonacorcy, Gayant, Novince, Bigot, Pagalde et Guillaume Le Fieu, ces deux derniers receveurs généraux de Normandie.

16 nov. 1575, Carrouges, Bauquemare.

26 octobre 1576, Carrouges, de Grainville, son gendre et son lieutenant, Dracqueville, les frères Langlois sieur de Mauteville et Langlois sieur de Plainbosc, trésoriers de France en la généralité de Rouen, L'Abessey, Bonacorcy, Novince, Bigot, et Georges de la Porte, avocat et procureur général au parlement de Normandie, Pagalde et Le Fieu. (Bauquemare sieur de Franqueville, greffier des États de la province.)

16 novembre 1577, Carrouges, Grainville, de Villerets, conseiller au conseil privé et maître des requêtes de l'hôtel, Bréauté, les deux Langlois, Montmor, Bonacorcy et Tourville généraux en la généralité de Rouen, Novince le jeune, général en la généralité de Caen, Bigot et de la Porte, Pagalde et Le Fieu (Bauquemare, sieur de Franqueville, greffier).

17 novembre 1578, Carrouges, Bréauté, Bauquemare, Bigot président au parlement, Grainville, Dracqueville, de la Porte, les deux Langlois, L'Abessey, Bonacorcy, Tourville, Pagalde et Le Fieu.

15 mars 1579, le maréchal de Montmorency, Carrouges, Bigot, Bauquemare, Huraut, maître des requêtes.

16 novembre 1579, Carrouges, Bauquemare, Grainville, Bigot, Bréauté, Tourville, Novince l'ainé, de la Porte, Pagalde et Le Fieu.

18 novembre 1580, Carrouges, Bauquemare, Grainville, Bigot, Bréauté, les deux Langlois, Montmor, Novince l'ainé, de la Porte, Pagalde et Dambray, trésoriers généraux.

17 novembre 1581, Carrouges, Grainville, Bigot, Bréauté, le procureur général du Roi et les trésoriers des Bureaux.

10 octobre 1582, Carrouges, Grainville, Thibermesnil, président en la Cour, Bréauté, de Stors, premier président en la chambre des Comptes, Langlois de Plainbosc et Novince, de la Porte et Dambray.

15 octobre 1585, assemblée spéciale pour la réformation de la coutume, Bauquemare, Émery Bigot, Thibermesnil, Robert Le Roux sieur de Tilly, Marian de Martinbos, Vauquelin, premier avocat du Roi au Parlement.

16 novembre 1585, Carrouges, le sieur de Tillières son fils, Bréauté, Thibermesnil, de Stors, premier président en la chambre des Comptes, Langlois et Novince, présidents aux Bureaux des finances de Rouen et de Caen, de la Porte, procureur général.

(Extrait des Harangues de Bauquemare.)

Procuration donnée par les États de Normandie pour s'opposer à l'érection de nouveaux offices et indues impositions de deniers, 1579.

Du vendredi 20e jour de novembre 1579, passé en la maison archiépiscopalle de l'archevesché de Rouen.

Furent présens noble et vénérable personne Me Claude Sequart, chanoine de Rouen, depputé pour l'estat de l'esglise au bailliage de Rouen, noble homme Charles de Croymare sieur de St Jehan du Cardonnay, depputé pour l'estat de la noblesse dudit bailliage, honnorables hommes Georges Romé et Jehan Puchot, conseillers eschevins dudit Rouen, Jehan Guillebert de la viconté de Rouen, Jehan Nouvel pour la viconté du Pont de l'arche, Pierre Bay pour la viconté du Pontaudemer, Jehan Quesnot pour la viconté d'Aulge, depputez pour le tiers estat dudit bailliage de Rouen ; — noble et vénérable personne Me Jehan de Feuldris, curé de Massy, depputé pour l'estat de l'esglise au bailliage de Caux, messire Pierre Martel, chevalier de l'ordre du Roy, sieur de Hatentot, depputé pour l'estat de la noblesse audit bailliage de Caux, Guillaume Du Bosc pour la viconté de Caudebec, Jehan Herault pour la viconté de Moustiervillier, Jehan Blancpain pour la viconté d'Arques, Charles Bodin de la viconté de Neufchastel, Pierre Caron pour la viconté de Gournay, depputez pour le tiers estat dudit bailliage de Caux ; — noble et discrette personne Me Anthoine du Mesle, docteur en chacun droict, doyen et chanoine de Caen, depputé pour l'estat de l'esglise au bailliage dudit Caen, noble homme Jacques de Saffrey sieur de Varaville, depputé pour l'estat de la noblesse audit bailliage de Caen, honorables hommes Nicolas Le Peletier pour la viconté de Caen, Gilles Le Saunier pour la viconté de Bayeulx, Guillaume Le Normand pour la viconté de Fallaize, Guillaume Lambert pour la viconté de Vire et Condé, depputez pour le tiers estat dudit bailliage de Caen ; — noble et vénérable personne Me Bernard de Juvigny, doyen d'Avranches, depputé pour l'estat de l'esglise du bailliage de Costentin, noble homme François Duparc sr des Tresvées, depputé pour l'estat de la noblesse dudit bailliage de Costentin, honnorables hommes Guillaume des Fontaines pour la viconté de Carenten et St Lo, François Le Moigne pour la viconté de Vallongnes, Guillaume Gerard pour la viconté d'Avranches,

Guillaume Duchemin pour Mortaing, depputez pour le tiers estat dudit bailliage de Costentin ; — noble et vénérable personne Mᵉ Jehan Guesbert, chanoine et pénitencier d'Evreux, depputé pour l'estat de l'esglise du bailliage d'Evreux, messire Nicollas de Pommereul, chevalier de l'ordre du Roy, sʳ du Moullin Chappel, depputé pour la noblesse dudit bailliage d'Evreux, honnorables hommes Thomas Lemareschal pour la viconté dudit Evreux, Jehan Fournel pour la viconté de Beaumont, Pierre Langlois pour Conches et Bretheuil, Alexis Desbois pour la viconté d'Orbec, depputez pour le tiers estat dudit bailliage d'Evreux ; — noble et vénérable personne Mᵉ Robert Du Pré, curé de Fourges, depputé pour l'estat de l'esglise du bailliage de Gisors, noble homme François de Sevestre, sʳ de Beauchesne, depputé pour l'estat de la noblesse audit bailliage de Gisors ; honnorables hommes Nicolas Rassyne pour la viconté dudit Gisors, Jehan Briere pour la viconté de Vernon, Jehan Bradechal pour Chaulmont et Maigny, Pierre Musnyer pour la viconté d'Andely, Jehan Maillard pour la viconté de Lyons, depputés pour le tiers estat dudit bailliage de Gisors ; — noble et vénérable personne Mᵉ Jherosme Mouton de Pommanville, archidiacre d'Yemois, depputé pour l'estat de l'esglise au bailliage d'Allençon ; noble homme René Broucel sieur de Cinsel, depputé pour l'estat de la noblesse dudict bailliage d'Allençon ; honnorables hommes Jacques Duboys pour la viconté d'Allençon, Nicolas Furauit pour la viconté d'Argentan, Jehan Bourguain pour la viconté de Danfront, Guillaume Taboureau pour la viconté de Verneuil et Pierre Piau pour la chastellenie de Nogent le Rotrou conté du Perche, depputez pour le tiers estat dudit bailliage d'Allençon, tous les dessus dicts depputez et representans les gens des trois estats de ce pais et duché de Normandie et tenans la séance desdicts estaz en ceste ville de Rouen suyvant la convocation faicte par le voulloir et commandement du Roy, lesquelz ès dites qualitez et suivant le pouvoir porté par les procurations que chacun d'eulx disoit porter respectivement, ont de rechef et en tant que besoing seroit donné pouvoir, puissance, auctorité, commission et mandement spécial par ces présentes à noble homme Mᵉ Jehan Gosselin sieur de la Vacherie, procureur scindic des estas dudit pays de Normandie présent, de s'opposer, pour et au nom desd. trois estats d'icelluy pais de Normandie, à tous édictz, ordonnances, commissions et establissements qui cy-après pourroient estre envoiez audit païs, tant ès cours de parlement et des aides que aultres juridictions et officiers de la dicte province, concernans érections d'office, impositions de tributz, levéez de deniers ou aultres choses quelzconques, contraire et au préjudice de ce qui a esté arresté en la convencion desd. estatz, pour l'exécution de laquelle ilz ont depputé vers sa majesté pour la supplier voulloir leur en accorder l'effet, et à ceste fin ont nommé lesdits sieurs M⁰ Anthoine du Mesle, docteur en chacun droict, doyen et chanoine de Caen, et Jehan Guesbert, chanoine et pénitencier d'Evreux pour l'estat de l'esglize, lesdits sieurs de Pommereul, sieur du Moullin Chappel, et du Parc, sieur des Tresvées pour l'estat de la noblesse et lesdits Jehan Guillebert et Nicollas Le Pelletier pour le tiers estat, ausquelz les dessus ditz constituans ont donné et donnent puissance et auctorité, ensemble avec ledict M⁰ Jehan Gosselin sieur de la Vacherie, et à chacun d'eulx seul et pour le tout, présence ou absence l'un de l'aultre, de poursuir lesdictes oppositions et faire procurer, gerer et negossier pour l'effect que dessus et pour toultes autres choses concernans le bien et utilité dudit païs et duché de Normandie, et à ceste fin faire poursuitte vers sa majesté et toutes aultres expeditions requises et nécessaires, tout aultant et ainsi que lesd. constituans fairoient et faire pourroient, si presens en leurs personnes y estoient, jà soit que le cas requist mandement plus espécial, promettans lesdictz constituans, en nom dudit païs et duché de Normandye, tenir et avoir pour agréable, ferme, estable à tous jours tout ce qui par le s¹ procureur et depputez dessus nommez sera fait, geré, procuré et negossié en ce que dict est et qui en deppend, sur l'obligation de tous les biens et revenus dudit païs en tant que faire le pouvoient et sans que les dessus dictz establis procureurs et deputés par ces presentes pour ledict païs puissent consentir ou accorder aucune chose en oultre et au préjudice de ce qui a esté arresté en la convocation (*sic*) desdits estats selon ce qui est porté par escript par le cahier signé desd. estatz du jour d'hier. En tesmoing etc.... presens Jacques Daussier et Claude Brunel, huissier desd. Estats.

Suivent les signatures.

Par acte du même jour les mêmes nomment Sequart, et Juvigny, ecclésiastiqeus, de Saffrey et de Sevestre, nobles, Bodin et Gerard du tiers état,

— 48 —

Pour procéder à la taxe des députés de la dernière convention, et assister à l'audition des comptes du receveur des frais communs du pays.

Mêmes signatures.

Quittance donnée au trésorier des États par les deputés qui avaient été chargés de porter au Roi le cahier des remontrances, 1580.

Vendredi 1ᵉʳ janvier 1580.

En la présence de nous, vénérables et discretes personnes Mᵉˢ Jehan Guesbert, chanoyne et pénitencier d'Evreux, Anthoine du Mesle, docteur en chacun droict, doyen et chanoyne de Caen, depputez pour l'estat de l'Eglise et encoires ledit Guesbert procureur deuement fondé de noble seigneur messire Nicolas de Pommereul, chevalier de l'ordre du Roy, gentilhomme ordinaire de sa chambre, sʳ du Moullin Chappel, l'un des depputez pour l'estat de la noblesse par procuration passée devant les notaires royaux de Paris le 29ᵉ jour de décembre passé derrenier, noble seigneur François du Parc sʳ du Cresnay, aussi depputé pour l'estat de la noblesse, Nicolas Le Pelletier et Jehan Guillebert pour le tiers estat, et N. H. Jehan Gosselin, procureur scindic des Estats de Normandie, ont confessé avoir eu et receu comptant de Guill. Alorge esc. sʳ de Hardenville, notaire et secrét. du Roy et trésorier général des dits Estats, la somme de 725 escus et demi d'or sol, en francs d'argent de 20 sols piece, taxée et ordonnée ausdits sieurs depputez et procureur scindic par Mons. Millon, conseiller du Roy et intendant de ses finances pour les jours qu'ils ont respectivement vacqué à l'exécution de leur commission comprins leur retour en leurs maisons, pour avoir porté à la majesté du Roy le cayer des remonstrances des estatz afin d'avoir responce et expédition sur chacun article d'icelluy jouxte son ordonnance en dabte du 28 jour de decembre dern., assavoir audit Guesbert pour 43 jours 107 escus et demy, audit du Mesle pour 46 jours 115 escus, au sʳ de Pommereul pour 43 jours 107 escus et demi, audit sʳ de Crenay pour 49 jours 122 escus et demy, audit Le Pelletier pour 46 jours 52 escus, audit Guillebert pour 45 jours 86 escus, et audit Gosselin pour 58 jours 95 escus, qui est à raison de 2 escus et demy pour jour pour chacun des depputez de l'église, noblesse et procureur desdits estats et 2 escus pour chacun des delleguez du tiers estat, ainsi que plus à plain est contenu en l'ordonnance demourée par devers ledit sieur Alorge.

Signé :

Guesbert, du Mesle, etc.

Procuration donnée par les États de Normandie pour poursuivre près du Roi et au Conseil d'État la réponse aux articles du cahier, 1581.

Du mardi avant midi XXIe de novembre 1584, passé en la maison archiépiscopalle de l'archevesché de Rouen.

Furent présens noble personne Me Aymard de Chavignac, docteur en théologie, chantre et chanoyne de l'église cathédral Notre-Dame de Rouen, délégué pour l'église du bailliage de Rouen, noble homme, Anthoine Martel sieur de la Vaupailliere, délégué pour les nobles dudit bailliage, honorables hommes Berthelemy Hallé et Jacques Daclainville, conseillers eschevins de la ville de Rouen, Charles Francoys, délégué pour la viconté de Rouen, Toussains Langloys pour la viconté du Pont de l'Arche, Georges Vaultier pour la viconté du Pontautou et Pontaudemer, Guillaume Le Feure pour la viconté d'Auge, tous déléguez en la convention des estatz pour le bailliage de Rouen année presente M. Ve quatre vingtz ung ; — noble personne Me Jehan Benard, presbtre, doyen de Brachy, délégué pour les gens d'église au bailliage de Caux, noble homme Pierre de Pelletot sieur de Frefossey pour les nobles du bailliage, Jacques Le Feure de Criquetot, délégué pour la viconté de Caudebec, Michel de Millibusc, demeurant à Pretot, délégué pour la viconté de Moustiervilliers, Raullet Galland, demeurant à Blangy, délégué pour la viconté d'Arques, Jehan Le Heurteur, demeurant à Saint-Vincent, délégué pour la viconté de Neufchastel, Georges Langloys, demeurant à Gournay, délégué pour la viconté de Gournay; — noble personne Me Claude de Vieupont, abbé de Saint Jehan prez Fallaize, délégué pour l'église du bailliage de Caen, noble homme messire Claude de Cerisey, chevalier de l'ordre du Roy, seigneur de Cossé, délégué pour la noblesse dudit bailliage, Richard Aubril, demourant en la parroisse de Rie, délégué pour la viconté de Baieulx, Guillaume Laignel, demeurant à Fallaize, pour la viconté

de Fallaize, Michel Le Pelletier, de Vire, pour la viconté de Vire
et Condé; — noble personne M⁶ Jacques Le Rogeron, chanoine
d'Avranches, délégué pour l'église du bailliage de Costentin,
noble homme Charles d'Orglandes, sieur et baron Dauvers et
Saint Jehan, pour la noblesse du bailliage, Pierre Nicole, demeurant à Coutances, pour la viconté dudit Coustances, Pierre Sanson,
de Carenten, pour la viconté dudit Carenten, Gabriel Lebret, de
Valongnes, pour la viconté dudit Vallongnes, Guillaume Gerard
la Vallette pour la viconté d'Avranches, Jacques Fortin de la
Restaudiere pour la viconté de Mortaing; — discrète personne
M⁶ Guillaume Morise, chanoyne d'Evreux, délégué pour l'église
du bailliage dudit Evreux, noble homme Jacques Le Roy sieur de
Gerrier pour la noblesse dudit bailliage, Thomas Le Mareschal,
demeurant à Evreux, pour la viconté dudit Evreux, Guillaume
Guillebert, demeurant au hamel d'Osmonville, pour la viconté de
Beaumont le Roger, Pierre Langloys de Conches pour la viconté
dudit Conches et Breteuil, Sébastien Duval, demeurant à Bernay,
pour la viconté d'Orbec; — discrète personne M⁶ Robert Le Senes-
chal, curé de Mayneville, délégué pour l'église pour le bailliage de
Gisors, noble homme Berthelémy de Pillavoyne sieur de Boisemont
pour la noblesse du bailliage de Gisors, Charles Rouveray, délégué
de la viconté de Gisors, Symon Le Normand, de Vernon, pour la
viconté dudit Vernon, Nicolas Sconnoys, de Pontoise, délégué pour
ledit Pontoise, Jehan Bradechal de Chaumont, délégué pour ledit
Chaumont, Marin Duval, délégué pour Andely, Jacques Anzeray,
délégué pour la viconté de Lions; — discrète personne M⁶ Gervaiz
Chollet, curé d'Allencon, délégué pour l'église du bailliage dudit
Allençon, noble homme Léon Frotté sieur de Vieupont, délégué
pour la noblesse dudit bailliage, Jehan Quillet sʳ de la Chapelle
pour la viconté dudit Allencon, Nicolas Furault, d'Argentan, pour
la viconté de Danfront, Lazare Le Roy, de Verneuil, pour la viconté dudit Verneuil, et Pierre Piau, demeurant à Bellesme, pour
la viconté de Perche, tous les dessus diz depputez et représentans
les gens des troys estatz du pays et duché de Normandie et tenans la séance desdits estatz en cette ville de Rouen suyvant la
convocation faicte par le vouloir et commandement du Roy, lesquelz, ès dictes quallitéz et suivant le pouvoir porté par les procurations que chacun d'eulx disoit porter respectivement, ont
depputé, nommé, constitué et establi leurs procureurs généraulx

et espéciaux c'est assavoir les sieurs de Chavignac, de Vieupont pour l'estat d'église, lesdits sieurs d'Orglande et de Pillavoyne pour l'estat de la noblesse, et les dits Langloys et Lazare Le Roy pour le tiers état, et M° Jehan Gosselin s^r de la Vacherie, procureur général des dits estats, ausquelz et à chacun ou l'un d'eux lesd. deleguez, èsdits noms et quallitez, ont donné et donnent plain pouvoir, puissance, autorité, commission et mandement spécial de poursuivre envers la Majesté du Roi et Messeigneurs de son Conseil la responce et expédition des articles du cayer le jourd'hier arresté et signé desd. depputez, sans aucune chose augmenter ne diminuer, contredire la levée du paresis et des creues de deux cens et cent mil escus et suplier très humblement Sa dicte Majesté en descharger ledit pays pour leur extresme pauvretté, sans y accorder aucune chose ni partye, et oultre ont donné pouvoir à leurs dits procureurs de signer et expédier la commission à M° Michel de Bornes pour le fait de la trésorerie desd. estatz suivant la nomination que ilz en ont faicte et aux charges y contenuz et principalement pour le fait des déléguez ayans assisté en ceste présente convention et auditeurs des comptes et pour ceste foys seullement, et généralement promectent tenir, obligeant tous les biens dudit pays etc. Présens Claude Brunet et Jacques Loucher, huissier des estats.

Suivent les signatures.

Par un autre acte du même jour, les mêmes députent Le Rogeron et Morise (ecclésiastiques), Martel sieur de la Vaupalière et Le Roy s^r du Gerrier (nobles), Pierre Sanson et Jean Quillet, (tiers Etat) et Gosselin sieur de la Vacherie, procureur général desd. étatz « pour assister à l'audition des comptes des frais communs, remboursement d'officiers et autres affaires dudit pays qui seront presentez à MM. les Trésoriers généraulx suyvant la commission du Roy, procéder à la taxe de leurs depputez, arrester les frais et voiages du procureur scindic et autres personnes qui se sont employez durant ceste presente année pour le service dudit pays » (1).

(1) *Archives de la Chambre des Notaires: Registres du Tabellionage, meubles*. Ces actes m'ont été signalés par mon obligeant confrère M. Edouard Gosselin. — J'ai rétabli dans le texte l'orthographe des noms d'homme d'après les signatures.

Extrait du *Précis* des Travaux de l'Académie des Sciences, Belles-Lettres et Arts de Rouen, année 1871-72.

Rouen. — Imp. de H. Boissel, rue de la Vicomté, 55.

www.ingramcontent.com/pod-product-compliance
Lightning Source LLC
LaVergne TN
LVHW021703080426
835510LV00011B/1548